AF259786

LES NAPOLÉONS

DISCOURS PRONONCÉ PAR

M. E. PASCAL

ANCIEN CONSEILLER D'ÉTAT, ANCIEN PRÉFET

V. DAIREAUX, ÉDITEUR

RIVOLI, 156

LES NAPOLÉONS

LES NAPOLÉONS

DISCOURS

PRONONCÉ

A LA RÉUNION DE LA SAUVE (GIRONDE)

Le Dimanche 5 octobre 1879

Messieurs,

Il y a quatre mois à peine, dans ce magnifique banquet de Branne, dont le souvenir est encore vivant parmi vous, j'essayais de dégager des événements confus qui se déroulent sous nos yeux, la loi qui préside au développement de notre démocratie, et qui la ramène, selon moi, à sa forme nécessaire, au seul régime qui puisse régler ses aspirations, protéger ses intérêts, sauvegarder ses droits, — à l'Empire. — Je démontrais que les événements en apparence les plus nuisibles à nos intérêts: les élections de 1877, les élections sénatoriales, les échecs successifs de la coalition conservatrice, qui tout d'abord semblaient déconcerter vos espérances, avaient eu, au contraire, cet heureux résultat de simplifier et de redresser la situation, de préciser les responsabilités, de briser les liens d'une solidarité compromettante, et de nous contraindre enfin à planter, en face de la République impuissante et discréditée, le drapeau de la démocratie impériale. (Très bien ! très bien !)

Hélas ! messieurs, à l'heure où je parlais ainsi, il y avait huit jours, huit grands jours, qu'une escorte anglaise accompagnait, sous un ciel de feu, à travers les ravins et les fondrières, les restes inanimés du Prince accompli, sur lequel s'étaient concentrées toutes nos espérances. (Sensation profonde) La France a pleuré cet enfant héroïque, et je ne sache pas qu'il y ait un coin de terre où cette chère mémoire ait été honorée par les élans d'une douleur plus profonde que dans ces fidèles cantons de l'Entre-deux-Mers. — Et, aujourd'hui même, l'empressement que vous mettez à entourer cette tribune improvisée, à vous entretenir avec ceux dont vous voulez bien accepter les conseils et suivre la direction, ne dit-il pas que vous ne séparez pas ce cher souvenir de la grande cause à laquelle vous attache un dévouement, dont il semble que votre douleur ait

réchauffé le zèle et stimulé l'activité. (Applaudissements).

J'essaierai de répondre de mon mieux au
sentiment qui vous pousse à nous interroger. —
J'ai peu de goût, vous le savez, pour les ména-
gements oratoires, et ma parole comme mon
esprit, volontiers, va droit à la difficulté. Aussi,
puis-je d'un mot et dès le début, vous donner
ma pensée tout entière. Non, je n'ai rien à
changer à mon discours de Branne (applaudissements) ; ma foi reste entière, ma confiance
est absolue et ici encore, dans la main qui nous
frappe, je n'hésite pas à voir la main propice
qui relève l'Empire pour le salut, pour la gran-
deur et pour la paix de notre cher et malheu-
reux pays. (Bravos prolongés.)

On n'a pas, à mon humble avis, médité peut-
être comme il convenait, les mobiles qui ont
poussé le Prince Impérial à courir les hasards
d'une expédition si périlleuse. — N'est-ce pas,
en effet, méconnaître cette nature délicate et
fière, cette conscience toujours dominée par
les plus sévères devoirs, que d'attribuer ce
brusque départ à l'entraînement, presque irré-
fléchi, d'un prince impatient d'occuper sa vie et
pris tout à coup, dans les loisirs inactifs de
l'exil, de la nostalgie du danger et de l'aventure ? Il est allé jouer sa vie modestement,

obscurément, sachant bien que ses ennemis, les insulteurs de son père et les siens, contesteraient sa gloire et son courage, alors même que le succès couronnerait ses efforts. — Je ne sais si je m'abuse, ou si je cède malgré moi à l'impression que m'a laissée ce regard profond et voilé, cette voix dont la gravité presque douloureuse semblait comme l'écho de tristesses intimes ; mais c'est ailleurs, je vous l'avoue, que je cherche la raison de cette témérité et comme le sens caché de ce sacrifice. (Emotion profonde.)

L'Empire, messieurs, quand on l'étudie dans ses origines, dans sa légende immortelle, dans sa gloire comme dans ses malheurs, n'est pas simplement, ainsi qu'on se plaît quelquefois à le dire, l'avénement de la quatrième dynastie sur le trône où successivement ont passé les Carlovingiens et les Capétiens. — Il est né, après des commotions terribles, d'une révolution qui a changé la face du monde, et l'homme de génie qui en a dégagé les principes pour en faire les fondements de la société moderne, n'a vu dans sa race que l'instrument de cette rénovation et de cette pacification. (Très bien ! très bien !)

« J'espère, disait Napoléon, en recevant le « Sénat, qui venait lui apporter le sénatus-

« consulte, décrétant l'hérédité dans la dynastie
« de l'Empereur, j'espère que la France ne
« regrettera jamais les honneurs dont elle
« environnera ma famille. Mon esprit ne serait
« plus avec ma postérité, le jour où elle cesse-
« rait de mériter l'amour et la confiance de la
« grande nation. » (Applaudissements.) Ah !
vous avez bien raison d'applaudir ces paroles,
messieurs, — car l'Empire est là tout entier. —
C'est ce contrat passé entre le peuple et les
Napoléons, contrat consacré par des gloires
sans nom et des prospérités sans exemple, c'est
ce contrat renouvelé six fois depuis le commen-
cement du siècle, en 1800, — en 1804, — en
1815, — en 1848, — en 1852, — en 1870, qui
fait de l'Empire, ainsi que je le disais tout à
l'heure, la forme nécessaire de notre démocratie.

L'Empire n'a, ni avec la royauté de droit
divin, c'est-à-dire avec la monarchie pure, ni
avec la royauté constitutionnelle, c'est-à-dire
avec la monarchie transactionnelle, aucune
analogie saisissable. — C'est la république,
disent les uns ; — c'est la dictature, disent les
autres. — Non, messieurs, ce n'est ni la dictature, ni la république ; — c'est l'ordre dans la
démocratie. (Très-bien ! très-bien !) Et voilà
pourquoi toutes les fois que le peuple se sent

1.

inquiété dans ses droits ou menacé dans ses intérêts, toutes les fois qu'il a à se garder contre les royalistes qui offensent les uns, ou contre les républicains qui compromettent les autres, le peuple, selon une belle expression du Prince Napoléon « retrouve toujours dans son cœur le seul nom du siècle, qui est à la fois un principe d'autorité et une garantie démocratique.» (Triple salve d'applaudissements. »

Eh bien, rapprochez de l'Empire, tel qu'il nous apparaît dans son originalité puissante, dans son relief saisissant, rapprochez de l'Empire tel qu'il a pénétré dans les couches profondes de ce peuple qu'il a si constamment aimé et si fidèlement servi, la politique effacée, compliquée, alambiquée et, pour tout dire d'un mot, la politique parlementaire à laquelle, par une fatalité étrange, a été condamné depuis huit ans, ce grand parti de l'Appel au peuple. — Après avoir subi la responsabilité d'une défaite dont les industriels de la guerre à outrance firent un épouvantable désastre, il est entré dans l'arène parlementaire par la porte étroite des transactions réactionnaires ; on l'a vu tour à tour ménager M. Thiers, participer à l'élévation du Maréchal, soutenir le Septennat, stipuler avec le 16 Mai... Ah! gardez-vous de croire, Messieurs, que je veuille m'engager dans des récriminations malséantes contre une politique dont j'ai subi les exigences, dont j'ai souvent partagé les erreurs, et que l'on ne peut d'ailleurs juger avec équité, qu'après avoir étudié les nécessités de tout ordre qui s'imposèrent aux hommes éminents, qui répugnaient le plus à ces compromissions et qui en pressentaient le péril; mais enfin nous avons bien le droit aujourd'hui de faire de l'histoire, nous avons bien le droit de nous retourner vers ce passé de sept ans, et de constater que le parti bonapartiste a été, comme malgré lui, conduit à déserter les grandes voies par lesquelles le peuple à l'habitude de ramener les Napoléons, (Bravos répétés.)

N'oubliez pas, n'oublions jamais, messieurs, l'histoire de 1815 et du retour de l'île d'Elbe. — Croyez-vous que les paysans qui s'ébranlaient à vingt lieues à la ronde pour acclamer leur vieil Empereur, vinssent saluer en lui le vainqueur du monde et lui demander de nouvelles victoires? Non, non, la guerre avait pesé lourdement sur nos campagnes, et de tous les côtés on réclamait la paix; ce que les paysans cherchaient dans l'Empereur, c'était le représentant glorieux d'un état social nouveau qui leur avait assuré une place au soleil; c'était le chef de la démocratie victorieuse, c'était comme Napoléon

l'a écrit lui-même, le Souverain que le peuple
avait fait; ce qu'ils voyaient dans ce retour
presque miraculeux, c'était la réplique triom-
phante de 89 aux défis des revenants de l'émi-
gration et de l'ancien régime. (Applaudissements bruyants et prolongés.)

Eh bien, je vous le demande, croyez-vous
qu'un Napoléon de vingt-trois ans, qui a grandi
dans l'auréole de ce passé glorieux, dont l'en-
fance a été bercée par ces légendes, ait pu
subir, sans de secrètes révoltes, cette politique
de transaction et de perpétuel effacement,
croyez-vous que son âme inquiète n'ait pas senti
qu'au-delà de ces partis qui piétinaient dans les
sentiers battus d'un parlementarisme stérile, il

avait ce peuple, ce grand peuple dont le cœur
avait toujours battu pour les siens; ne compre-
nez-vous pas qu'à tout prix, voulant reprendre
ce cœur et comme ressaisir cette âme, il se
soit dit que, lui aussi, il aurait, dût-il l'écrire
avec son sang, une page dans ces annales immortelles.— Et voilà comment, pris un jour de
la sainte folie des héros, il est parti pour le
Cap... et il y a trouvé le martyre! (Explosion
d'applaudissements, longue agitation.)

On raconte que lorsque l'*Orontès*, qui portait
le corps du Prince Impérial, à fait escale à
Saint-Hélène, les habitants de l'île, ne sachant

comment honorer le petit-neveu du héros dont
ils avaient gardé les cendres, allèrent couper
quelques immortelles qui avaient poussé a la
place même où le grand Empereur avait dormi,
et pieusement les déposèrent sur le cercueil.
— Ah! messieurs, le peuple apportera un jour
sous la coupole des Invalides les restes glorieux
du fils de Napoléon III ; (De toutes parts : Oui!
oui!) mais je ne sais pas si ces pompes triom-
phales vaudront jamais ces pauvres fleurs sau-
vages, jetées par des mains inconnues, au milieu
de l'Océan, sur le corps de notre martyr.
(Applaudissements.) Votre esprit ne va-t-il pas
au-delà de cet épisode touchant, et ne vous
semble-t-il pas que l'ombre de Napoléon, qui
doit quelquefois errer dans ces solitudes, a
voulu sourire au fils de sa race et lui montrer,
au-delà des mers comme au-delà de l'exil, l'asile
glorieux où il l'attend pour le garder à ses
côtés! (Applaudissements et bravos enthousiastes. — L'orateur est interrompu, pendant
quelques instants, par les acclamations.)

Un homme haut placé, très-haut placé, dans
les régions de la république officielle, dissipait
un jour avec sa brutalité bien connue, les illu-
sions de ses amis à qui la mort du Prince
Impérial causait une joie indécente : « Prenez
garde, leur disait-il, l'enfant a refait la légende

et l'Empire est aujourd'hui représenté par un Prince de cinquante-sept ans. » (Sensation profonde.) Ce n'est pas seulement la légende qui est refaite; — la légende, à tout prendre, n'était pas si ébranlée qu'on se plaît à le dire, — le peuple a, Dieu merci, le sentiment plus juste et plus éclairé des responsabilités encourues. — C'est l'Empire, messieurs, qui est reconstitué dans sa vérité historique et dans sa réalité populaire. J'ajoute qu'il l'est à l'heure utile, à l'heure opportune, à l'heure décisive. Je citais tout à l'heure, un mot bien juste et bien profond du Prince Napoléon, qui définissait ainsi le caractère et la mission de l'Empire; c'est un principe d'autorité et une garantie démocratique. Le temps est proche où de tous les côtés éclatera la double nécessité du principe et de la garantie. Est-il un homme sensé, à quelque opinion qu'il appartienne, qui ne pressente les événements graves qui imposeront l'institution d'une autorité fortement constituée, et quel est celui qui ne reconnaît pas en même temps qu'il n'y a d'autorité possible en France que si elle a la démocratie pour base? (Très bien ! très bien !)

Voilà neuf mois, — pas plus, — ce sont les républicains eux-mêmes qui se sont chargés de le constater, — que la république est maîtresse d'elle-même, et que, délivrée des partis hostiles dont les résistances lui avaient jusqu'ici servi de prétexte et d'excuse, elle porte à elle seule la responsabilité d'une situation que nous avons le droit aujourd'hui de juger sévèrement. Je ne vous parle pas de la prospérité promise, — je n'aime pas parler des absents (On rit), et puis j'ai la passion de l'impartialité, et dans ce pays si cruellement éprouvé par un fléau, où la république n'est pour rien, j'aurais peur de manquer de justice en lui attribuant des maux qu'elle n'a point causés. Et cependant si les compensations que vous auriez pu trouver dans les branches nombreuses de l'industrie agricole vous font défaut, n'est-ce pas parce que le sentiment de l'instabilité, l'incertitude de l'avenir, la crainte d'agitations prochaines, pèse lourdement sur toutes les transactions et paralyse le crédit agricole? Je ne crois pas que l'agriculture ait jamais subi de pareilles souffrances. (Non! non! jamais!). Les capitaux fuient nos campagnes pour courir l'aventure, et bien aveugles sont ceux qui ne voient pas que ce délaissement nous conduit à une crise économique et agricole dont il est impossible de prévoir et de mesurer l'intensité. (Très-bien, très-bien.)

Le jour viendra de traiter ces questions spé-

ciales. Nous aurons à vous parler de ce budget
de la république, qui devait être le gouvernement à bon marché et qui en ce qui touche aux
services civils seulement, présente une augmen-
tation de quatre cent quatorze millions six cent
six mille francs sur le dernier budget de l'Empire. (Sensation.) Il faudra bien citer à la barre
de l'opinion ce gouvernement qui ne sait se résoudre à rien, si ce n'est à créer de nouvelles
fonctions et à nous les faire chèrement payer,
(Hilarité.) Les appointements affectés aux nouveaux emplois créés dans le personnel des ad-
ministrations centrales s'élèvent jusqu'à ce jour
à 1,800,000 fr., — ce gouvernement qui, pour
ne citer que cet exemple, pourrait en appliquant
à des dégrèvements équitables les ressources
qu'il trouverait dans la conversion de la rente,
alléger sensiblement le fardeau qui pèse sur le
peuple, et qui recule devant la peur de mécon-
tenter quelques rentiers, comme il a peur, en
d'autres occasions, de déplaire aux incendiaires
de la Commune. (Très-bien ! très-bien !)

Connaissez-vous rien de plus maladroit, de
plus hypocrite et de plus sot que cette guerre
déclarée à la liberté du père de famille? Je l'ai
dit à Ste-Foy, et je le répète ici, car je n'ai rien
à changer à ce discours, (Très-bien !), quoi
qu'en ait dit une certaine presse, dont je pour-

rais relever la mauvaise foi, si je ne craignais de décourager une hostilité qui m'est précieuse, et dont vous m'avez appris à apprécier le concours (On rit.), le trait particulier de cette campagne, c'est la lâcheté. Ils sont là quelques sectaires sans courage, qui, au lieu d'attaquer la religion en face, essaient de se couvrir par l'impopularité d'un ordre religieux qu'ils affectent de viser seul. Ils ont, dans les mains, des armes redoutables dont ils n'osent pas se servir et ils préfèrent chercher dans je ne sais quelle mutilation honteuse du droit d'enseigner, le moyen de désarmer ceux qu'ils dénoncent comme des citoyens dangereux, et à qui, par une contradiction étrange, ils se gardent bien cependant d'enlever le droit de prêcher et de diriger les consciences.

Et pendant que le gouvernement affirme son intention de limiter ses rigueurs aux Jésuites, dans les villes, dans les centres importants, les conseils municipaux radicaux s'arrogent le droit de faire, de la gratuité, le monopole oppressif du laïcisme, et proscrivent ces instituteurs modestes, ces Frères des Ecoles chrétiennes, que je m'honore d'avoir défendus contre le conseil municipal de Paris (Bravos prolongés), ces enfants du peuple qui usent leur vie à instruire le peuple et qui, au jour des

2.

grandes épreuves, meurent dans les rangs du peuple comme des héros et comme des martyrs. (Salves d'applaudissements.) Et l'administration courbe la tête sous cette usurpation insolente; et quand on l'interroge comme je l'ai fait dans la dernière session du Conseil général, le préfet vous dit qu'il n'a rien à répondre. (On rit.) Ah! messieurs, ne soyez pas trop sévères pour lui; il est opportuniste, et, comme tous les opportunistes, il ne sait pas à quel métier on l'emploiera demain. (Hilarité.)

Vous savez ce qu'on a fait de la magistrature. Vous connaissez les magistrats qui expient leur indépendance dans la disgrâce et ceux que la Cour de cassation elle-même n'a pas couverts. Regardez autour de vous ces modestes juges de paix que l'on traite comme les derniers des agents subalternes, que l'on expatrie, à qui on impose des déplacements ruineux afin que leurs successeurs sachent bien quels sont les tristes personnages dont il faudra désormais prendre l'agrément. — Et l'armée, messieurs, cette armée dont la république était si fière, qu'elle se flattait d'avoir reconstituée, cette armée que M. Gambetta, qui est, comme vous le savez, un homme de guerre incomparable, (Hilarité bruyante), avait pris sous sa protection spéciale; n'est-ce pas un député républicain qui, vers la fin de la session dernière. portait à la tribune, des révélations sous lesquelles le ministre de la guerre était obligé de courber le front ? (Très-bien ! très-bien !)

Ce qui frappe, à l'heure actuelle, tous les esprits sincères, c'est moins les réformes turbulentes, les systèmes subversifs, les violences déréglées du pouvoir, que cette désorganisation progressive de toutes les forces sociales qui conduit la république à l'impuisance de gouverner. — L'opportunisme s'est dissous dans la victoire ; les programmes ont disparu ; qu'est devenu le programme de Belleville? (Une voix : Ah ! oui, parlons-en !) Rencontrez-vous encore des commis-voyageurs qui consentent à placer le programme de Grenoble ou de Romans? (On rit.) Les fonctionnaires vont au hasard et ne s'orientent plus dans la confusion où ils vivent que sur leur intérêt personnel. — Le ministère n'a pas de politique, et s'il est renversé par le Sénat dans la question des lois Ferry, on s'accorde à prévoir l'avènement d'un cabinet plus avancé. Etrange application du régime parlementaire ! Et, pendant ce temps, les radicaux, seuls logiques, seuls conséquents, se préparent à monter à l'assaut du pouvoir avec les troupes aguerries que l'amnistie vient de leur rendre ! (Applaudissements prolongés.

Avais-je tort de vous dire que le temps n'est pas loin où le pays, fatigué de cette impuissance intolérable, et sentant bien que ce pouvoir débile est incapable de le protéger, s'irritera contre ses propres complaisances, et réclamera ouvertement un pouvoir énergique, populaire et obéi. (Très-bien! très-bien!)

Ce pouvoir, où est-il? quel est-il? et d'où peut-il venir? — C'est là ce que je vous demande la permission de rechercher avec vous.

Je voudrais, messieurs, examiner cette question sans parti-pris, sans passion comme sans violence; et c'est, croyez-le bien, avec le sincère désir de découvrir la vérité, que je m'adresse aux hommes impartiaux qui vivent en contact avec nos populations agricoles et nos populations ouvrières. Je leur demande simplement ceci : Croyez-vous, en votre âme et conscience, à la possibilité de faire accepter la royauté par le suffrage universel? En votre âme et conscience, croyez-vous à la possibilité de réconcilier le roi avec la démocratie française? (Non! non! jamais!) On a pu croire à la restauration de la Monarchie ou l'espérer un instant en 1873 ; mais on avait alors l'Assemblée nationale, — il faut bien se garder de l'oublier.

J'entends tous les jours, les royalistes constitutionnels, les parlementaires, les orléanistes, — ceux, en un mot, qui n'ont pas dîné le 29 septembre, et qui ne paraissent pas le regretter (on rit), — se lamenter sur l'obstination du comte de Chambord qui se refuse à faire des concessions à ce qu'ils appellent l'esprit de son temps. — Eh bien, je crois qu'en cela, ils manquent de discernement, de respect et de justice. Le comte de Chambord, qu'il me soit permis de le dire ici, se montre plus clairvoyant, plus conséquent et plus loyal que les constitutionnels qui ne voient en lui qu'une transition à laquelle ils se résignent d'assez mauvaise grâce. — Il n'attend pas le trône de la volonté du pays, — il l'attend de son repentir. Il faut, pour que la royauté soit possible, que la France renie la Révolution (voix nombreuses : jamais! jamais!) qu'elle répudie ses principes; il faut qu'elle fasse amende honorable et qu'acceptant le drapeau blanc, comme le symbole de son repentir, elle récite, pour ainsi dire, son acte de contrition; il faut que par un renouvellement volontaire elle se rende digne de mériter l'autorité paternelle des princes de la maison de Bourbon; le mot est, je crois, de l'honorable M. Baragnon. — La royauté, telle que semble la concevoir M. le comte de Chambord, n'est pas un système de gouvernement, un organisme constitutionnel, ce n'est pas un mécanisme plus ou moins ingénieux comme la monarchie parlementaire, c'est avant tout un état social transformé, — et c'est là ce qui fait que la démocratie y répugne invinciblement. (Applaudissements bruyants et prolongés.)

On raille quelquefois la crédulité de ceux qui craignent le retour de l'ancien régime. Assurément, si, par l'ancien régime, on entend la dîme et la corvée, nous avons le devoir de rire de ces folles terreurs; mais, voyons, soyons sincères, examinons ce point délicat, avec nos souvenirs, avec les informations que nous puisons dans l'histoire, avec nos observations de tous les jours, oserait-on nous dire sérieusement que le retour de la royauté n'entraînerait pas avec lui des résurrections étranges, des suprématies blessantes, des distinctions irritantes? Et ceux-là mêmes qui se défendent de caresser de tels rêves ne sont-ils pas les premiers à avouer involontairement qu'ils aspirent à certains redressements et à je ne sais quelle hiérarchie politique qui est absolument antipathique à l'esprit de ce peuple passionnément épris d'égalité? Et, s'il faut reconstituer l'état social, pour établir les nouvelles assises de la monarchie restaurée, où puisera-t-on la force d'accomplir cette transformation, et quel est l'ouvrier mystérieux de cette reconstruction miraculeuse? (Applaudissements unanimes.)

Ah ! messieurs, il suffit de vivre de la vie commune, pour reconnaître que dans cette France, que la révolution a faite et que les royalistes ne referont pas (très-bien! très-bien!), le principe d'autorité ne peut sortir que des entrailles même de la démocratie. Il faudrait désespérer de ce pays si, par un acte de sa volonté souveraine, le peuple éclairé par l'expérience de cette troisième république, ne reconstituait pas cette force tutélaire qui, seule, peut le relever, le protéger et le servir, — et, encore une fois, cette force, ce principe, cette garantie, comme l'a si bien dit le Prince Napoléon, — c'est l'Empire. (Tonnerre d'applaudissements.) Nous voilà donc ramenés comme par une pente irrésistible à cette grande institution, à cette magistrature impériale qui est l'alliance heureuse et féconde entre la souveraineté nationale et l'hérédité.

Cette hérédité a été définie et instituée par des actes nombreux du souverain et des pouvoirs publics, mais elle a été solennellement consacrée par le plébiscite de 1870. Elle est votre œuvre à tous. Et lorsque après la confusion de ces tristes temps, l'Empire nous sera rendu, c'est sur le plébiscite de 1870 que le peuple sera consulté, car on ne peut pas lui poser une autre question, avant de savoir s'il entend maintenir son arrêt ou le rapporter. (Très-bien ! Très-bien !)

Je croirais vous faire injure si je perdais mon temps à refuter les thèses étranges, avec lesquelles certains esprits qui prennent leurs préventions pour des arguments, ont essayé de eter sur les droits de l'héritier de l'Empire, des incertitudes que le bon sens public a condamnées déjà à l'isolement et à l'oubli. (Très-bien ! Très-bien !)

Le Prince Napoléon, messieurs, est le représentant de l'hérédité impériale (Applaudissements.) Il l'est en vertu d'une décision rendue par le peuple souverain, sur la proposition de l'Empereur Napoléon III. — Toutes les subtilités des nouveaux casuistes du droit plébiscitaire ne sont que les fantaisies sans valeur de quelques importances méconnues. (Assentiment général.) Et j'ajoute que l'hérédité est en bonnes mains (Oui ! oui !). Ah ! je sais bien qu'en parlant ainsi, et avec cette assurance, je vais provoquer contre moi la violence et l'injure. Mais vous me permettrez bien de vous faire cet aveu : il est des injures dont je ne me lasse pas de goûer la saveur (On rit) ; et ne dois-je pas, d'aileurs, quelque reconnaissance à mes insulteurs ordinaires, qui m'ont si puissamment aidé à conquérir et à mériter vos sympathies ? (Bravos répétés.)

Oui, messieurs, je le dis bien haut, le Prince, qui a pris en mains la direction du parti de l'Appel au peuple, est, plus qu'un autre, propre à cette grande tâche et fait pour en surmonter les difficultés. Nul plus que lui n'a le sentiment de la mission de l'Empire. Il a vécu dans l'étude et, on peut le dire sans exagération, dans la contemplation de son fondateur, il semble que son esprit, comme ses traits, en ont gardé l'empreinte. (Sensation.)

Je ne veux ni dissimuler, ni atténuer les dissentiments qui l'ont souvent séparé de la majorité du parti bonapartiste ; mais, en vérité, quand on a fait équitablement la part du dénigrement et de la calomnie, quand on a repoussé du pied dans le ruisseau, d'où elles sont sorties toutes les inventions misérables que la canaille elle-même n'y va plus ramasser (Très-bien ! très-bien !), il ne reste, en somme, qu'une divergence de conduite, sur les alliances logiques qui s'imposaient au parti bonapartiste après ses malheurs.

Le Prince Napoléon a cru qu'en s'alliant aux partis royalistes dans l'Assemblée natio-

nale comme dans le pays, on sortait des traditions de l'Empire, on favorisait insconsciem-
ment les tentatives d'une restauration impopu-
laire, on s'aliénait l'esprit desmasses; on rompait
en un mot, le pacte d'aillance conclu entre le
peuple et les Napoléons. (Très-bien! très-bien!
— De tous les côtés : il avait bien raison.) Conséquent avec lui-même, adversaire
naturel des royalistes, qui auraient mauvaise grâce à lui reprocher une hostilité que les
journaux du drapeau blanc se chargent de jus-
tifier tous les jours, par l'injure et par la calom-
nié; ennemi historique, si je puis ainsi parler,
de tout ce qui de près ou de loin se rattache à
un ordre de choses qu'il regarde comme irré-
parablement disparu, et dont le premier Empire a d'ailleurs marqué la fin, il n'a pas craint
de tendre la main à tous ceux qui voulaient dé-
fendre avec lui le principe commun de la souveraineté nationale.

J'expose, sans la juger, une politique sur laquelle, assurément, j'aurais personnellement à
faire des réserves rétrospectives. Qu'il y ait
eu dans cette attitude, dont la crânerie tout au
moins est de bonne augure (Très-bien! très-
bien!), un oubli un peu dédaigneux des solida-
rités anciennes, et que cet esprit net et précis,
ce caractère ardent, cette volonté impérieuse

ait quelquefois heurté la prudence de ceux qui ne pouvaient se résoudre à devenir des hommes d'action et d'opposition, je n'ai pas à le décider ici; mais à quoi bon revenir sur le passé, alors que les exigences du temps présent se sont modifiées à ce point qu'à l'heure où je parle, il n'est pas un bonapartiste, doué de quelque sagacité, qui ne reconnaisse la nécessité de revenir aux vraies, aux grandes traditions de l'Empire, dont j'essayais tout à l'heure de préciser l'origine, de marquer le caractère, et dont on ne contestera jamais au prince Napoléon d'avoir été, dans tous les temps, l'énergique et vigoureux champion? (Applaudissements prolongés. — Acclamations nombreuses.)

Voudrait-on par hasard renouer les liens d'une nouvelle union conservatrice? Et quand la question va se poser devant le pays, connaîtrait-on un terrain commun sur lequel nous pourrions contracter avec les partis royalistes une alliance loyale? (Non, non!) Est-ce que des partis si dissemblables peuvent se rapprocher utilement dans une opposition commune? Il est évident, messieurs, que je ne parle pas ici de ces rapprochements accidentels qui se produisent nécessairement dans nos Assemblées sur des questions spéciales et sous la nécessité d'une défense commune; ai-je besoin, comme exemple,

ce citer l'article 7 ? (Très-bien! très-bien!) Mais,
à ce peuple qui a la passion des idées simples,
oserait-on servir encore ces formules vagues,
ces transactions stériles et je ne sais quelles ré-
miniscences d'un syndicat discrédité?

Ah! messieurs, le temps est passé de ces
biais et de ces détours indignes d'un grand
parti. Il faut aujourd'hui aller droit au peuple,
notre drapeau déployé; il faut lui dire franche-
ment : Non, nous ne sommes pas des royalistes,
parce que la royauté repose sur la négation de
la souveraineté nationale et qu'on ne remonte
pas ce fleuve où depuis quatre-vingts ans la démocratie coule à pleins bords! (Très-bien! très-
bien!) mais nous ne sommes pas des républicains, parce que les républicains avilissent la
souveraineté nationale qui n'est plus qu'un prétexte pour leurs compétitions ruineuses, et qui
dans leurs mains, devient toujours l'instrument
de la plus détestable anarchie. Nous sommes
des impérialistes (triple salve d'applaudissements), c'est-à-dire des hommes d'ordre et de
démocratie (très-bien! très-bien!) des hommes,
enfin, qui ne séparent pas, selon le mot du
prince Napoléon, le principe d'autorité de la
garantie démocratique. (Bravos chaleureux;
longs applaudissements.)

Après avoir essayé de dégager le sens des

événements douloureux qui viennent de nous être infligés, me permettrez-vous, messieurs, d'indiquer, en peu de mots, quelle doit être notre ligne de conduite? (Oui! oui! Parlez!)

Et d'abord quelle doit être notre attitude vis-à-vis de la république, qui est, en définitive, le gouvernement légal du pays? Je ne dis pas le gouvernement légitime, messieurs, car il lui manque la sanction du peuple, directement consulté; mais le gouvernement tacitement accepté, à titre d'expérience et dont nous ne pourrions troubler le fonctionnement régulier sans faire acte de mauvais citoyens.

Nous ne sommes pas dans ses conseils, et nous ne prétendons pas à y entrer. Les orléanistes y donnent la main aux émeutiers du 4 Septembre, et cette alliance édifiante, condamne la république à cette impuissance et à cette inertie dont les républicains sincères ne pourront pas s'accommoder longtemps. Il faut que l'expérience soit complète, concluante, définitive. Elle le sera, gardez-vous d'en douter, et prochainement. Attendons avec confiance ce jour décisif, sans le précipiter. — Nous sommes des héritiers patients, mais des héritiers sûrs de leur droit; et, quand l'Empire aura recueilli la succession, le peuple reconnaîtra, pour la troisième fois, et pour toujours j'espère, que si la république promet, ce sont les Napoléons qui tiennent. (Applaudissements.)

Quant à l'attitude du Prince Napoléon en face de cette république qui, vous vous en souvenez bien, lui mit un jour la main au collet, vous comprendrez la réserve de mon langage. Je ne saurais exprimer ici que mon appréciation personnelle, mais je vous demande la permission de vous la donner avec une entière sincérité. J'ai entendu dire quelquefois : Il faut que le Prince parle, il faut qu'il se pose en prétendant! Eh bien, permettez-moi de vous dire qu'une telle appréciation est, à mon avis, la négation étourdie de la doctrine impérialiste. (Mouvement d'attention.)

Voudrait-on simplement indiquer par là que le pays a besoin de recevoir la notification solennelle et publique de l'acceptation de l'hérédité par le Prince Napoléon? Nous ne savions pas le pays si formaliste. Est-il utile, est-il opportun — et j'ajoute, est-il convenable que ce Prince, qui a vécu dans le culte de l'idée napoléonnienne, qui a passé sa vie à recueillir les échos de la pensée impériale, qui est le parent ou l'allié de tous les Souverains de l'Europe, qui voit grandir à ses côtés deux jeunes Princes que pourraient nous envier tous les trônes (sensation, très-bien! très-bien!) est il nécessaire, dis-je, que ce Prince entoure de je ne sais quel niais apparât cette prise de possession idéale?

Ah! messieurs, si le Prince Napoléon n'était pas tenu pour l'héritier de l'Empire, on ne s'inquiéterait pas tant de son silence et on ne s'aviserait pas de le faire parler dans les conversations que vous savez. (On rit. — Très-bien!) Mais il est des gens pour qui la politique est toujours une sorte de mise en scène; — ils ont réglé le cérémonial et n'en veulent point démordre. Il faut que le Prince sorte des églises par la grande porte (On rit) et se drape en prétendant. — En prétendant? Et qu'entend-on par là? Le Prince doit-il marcher sur les traces du comte de Chambord, qui réalise avec une dignité incontestée, l'idéal du prétendant platonique, et qui affirme son droit depuis quarante ans avec le succès que vous voyez. (Hilarité bruyante.) Mais le droit que le Prince Napoléon invoque, n'est-ce pas la souveraineté nationale, dont il accepte les arrêts?

Je l'ai écrit et je le répète — le Prince n'est pas un prétendant à l'Empire, il est plus et mieux que cela, messieurs, il est l'Empereur. (Applaudissements prolongés), mais prenez garde, — il est l'Empereur en vertu du droit générateur des gouvernements de souveraineté nationale, droit suspendu en fait par l'établissement républicain qui l'invoque en l'éludant (Très-bien! Très-bien!); Il est l'Empereur pour le jour où le peuple relèvera l'Empire et, de sa large main, effacera la tache de sang et de boue avec laquelle les émeutiers du 4 septembre ont vainement essayé de biffer le plébicite de 1870. (Bravos nombreux; acclamations.) Jusque-là, le Prince Napoléon ne peut être que le chef d'un parti régulier, respectueux de la loi et de la volonté du pays.

Mais il est un chef, ai-je dit, ah! messieurs, gardez-vous de l'oublier; chef sagace, habile, prévoyant dont la direction doit être obéie. Peu d'hommes acceptent plus volontiers que lui la contradiction. J'en puis parler par expérience, car il m'a permis d'en user largement. Je l'en remercie et je m'en félicite, car j'ai senti sous l'influence de cet esprit vigoureux, de cette parole puissante se dissiper bien des préventions anciennes. Je ne me souviens pas notamment d'avoir entendu exposer avec plus de clarté et de libéralisme vrai, les garanties que la liberté de conscience doit trouver dans le Concordat, loyalement exécuté. (Triple salve d'applaudissements.)

Mais si le Prince accepte et sollicite la contradiction, peu d'hommes poursuivent avec plus d'obstination et de fermeté la détermination qu'ils ont prise. (Très-bien! très-bien!) Avec un tel chef, la discipline doit être facile, et c'est à former un parti discipliné autour du représentant incontesté de la cause impérialiste que nous devons désormais nous appliquer avec dévouement. (Applaudissements chaleureux et prolongés.)

Et s'il m'était permis, en terminant, de résumer d'un mot le caractère de la politique qui s'impose à notre zèle et à notre fidélité, je dirais que l'heure est venue de ne plus sacrifier à des exigences particulières, à des convenances locales, à des transactions personnelles, la netteté de nos affirmations. Combien de fois n'avons-nous pas entendu arrêter les lignes générales de la politique que nous comptions suivre, et le lendemain chacun s'autorisait de circonstances spéciales pour s'isoler et se cantonner dans une exception. Ici les populations étaient timides, et la parole publique devait les alarmer ; là, il y avait des influences à ménager, des neutres à conquérir, des amis dont il ne fallait pas forcer le tempérament.

Le temps de ces vaines habiletés est passé. — Nous ne devons plus accepter ce bonapartisme vague, impersonnel et rétrospectif derrière lequel s'abritent des fidélités douteuses. (Très-bien!) Tout le moude sait où est le représentent de l'Empire; il faut le reconnaître ou sortir du parti. (Très-bien! Oui! oui!) Nous servons une cause devant laquelle doivent s'effacer toutes les individualités et c'est sur ce terrain que je viens de déterminer qu'il faut désormais grouper nos forces et engager toutes les luttes qu'un avenir prochain peut nous réserver; il importe peu d'assurer quelques succès partiels, trop chèrement payés, par ces effacements compromettants.

Nous ne sommes pas un parti, messieurs, nous sommes une propagande. (Très-bien! très-bien!) Nous avons à restaurer dans le pays, par la plume et par la parole, la vraie doctrine de l'Empire, nous avons à rappeler ses grandeurs, ses prospérités, ses sécurités et ses gloires, nous avons à montrer dans l'Empire la démocratie organisée et pacifiée, l'égalité garantie, la société civile respectée, la liberté religieuse sauvegardée, le travail stimulé, le sort et la condition de l'ouvrier relevés et améliorés, nous avons enfin en face de la République qui s'affaisse dans l'impuissance, à déchirer les voiles et à découvrir aux yeux du peuple qui souffre, qui attend et qui se souvient... la statue du grand Empereur. (Longs et bruyants applaudissements.)

C'est à cette œuvre que nous vous convions, messieurs, en saluant dans le Prince Napoléon, dans le neveu de Napoléon Ier, celui que sept millions de suffrages ont désigné pour l'héritier de l'Empire. (Applaudissements enthousiastes. — Longue et sympathique agitation. — Cris nombreux. — L'orateur est acclamé par tout l'auditoire.)

EN VENTE

A LA

LIBRAIRIE V. DAIREAUX

156, RUE DE RIVOLI, 156

1 Exemplaire..........................	»	15
12 —	1	50
100 —	10	»
1000 —	90	»

Biographie P. de Cassagnac, avec un portrait 21 × 27...................... 1 50

L'AIGLE, almanach du PETIT CAPORAL, par Paul de Cassagnac, pour 1880. Illustré de 50 gravures........................ » 50

ENVOI FRANCO contre mandats ou timbres-poste.

Paris. — Imp. CH. DUBOURG, rue du Cardinal-Lemoine, 41.